PLAIDOYER

DE

Me GERMAIN, AVOCAT,

POUR

M. DE MAUBREUIL,

DEVANT LA COUR ROYALE,

CHAMBRE DES APPELS DE POLICE CORRECTIONNELLE,

LE 15 JUIN 1827.

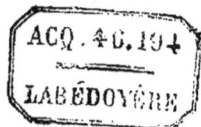

PARIS,

IMPRIMERIE DE GUIRAUDET,

RUE SAINT-HONORÉ, No 315.

1827.

PLAIDOYER

POUR

M. DE MAUBREUIL.

———

Messieurs ,

En interjetant appel de la sentence rigoureuse
qui le frappe en ce moment, M. de Maubreuil a
dû songer à vous présenter une défense sérieuse ;
il a dû prendre devant vous une attitude différente
de celle qu'il a tenue en première instance, tout
devant être irrévocablement jugé par vous. Aussi
a-t-il imploré, le 11 mai dernier, votre appui pour des
mesures essentiellement conservatrices des droits
des accusés ; a-t-il provoqué une décision qui lui assu-
rât une défense libre et entière ; et alors vous avez
décidé qu'à l'exception du prince de Talleyrand,
tous les témoins indiqués vous paraissaient étrangers à l'événement de Saint-Denis, et leur dépo-
sition inutile ; mais que, si le prévenu estimait que
leur audition fût nécessaire à *l'intérêt légitime* de
sa défense, il avait le droit de les faire assigner à
sa requête. En ce qui concernait la volumineus
instruction , dont à plusieurs reprises , M. de
Maubreuil a été l'objet, et qui est venu aboutir à

Douai, vous avez pensé, bien qu'elle ne présentât ni connexité, ni rapport avec l'accusation actuelle, qu'il était libre de faire compulser cette procédure sans déplacement, et de s'en faire délivrer, au greffe de la cour royale de Douai, tous extraits ou expéditions qu'il jugerait utiles à sa justification.

Il fallait utiliser cette décision, qui préparait si bien les voies à la vérité ; il fallait en retirer tout le fruit qu'on en attendait, tous les résultats qu'on en espérait. Dans cette intention, il signifia quelques assignations, et demanda des extraits du dossier de Douai. Recherchons maintenant s'il a été heureusement secondé dans la réalisation de cette double mesure.

Rendons un public et éclatant hommage de reconnaissance à M. le procureur-général de la cour royale de Douai, qui, attendu l'intérêt de la défense et les dispositions précises de votre arrêt, qu'il ne fallait pas rendre illusoire, attendu encore l'état notoire d'indigence de M. de Maubreuil, et son impossibilité de le faire constater dans les formes ordinaires, a eu la générosité d'imposer silence au fisc, dont les prétentions avides et les exigences étaient telles, qu'un simple billet du sieur Roux-Laborie ou de M. Vitrolles, contenant environ deux lignes, devait coûter près de 4 fr. C'était, il faut l'avouer, payer un peu cher les sollicitations pressantes de l'ancien secrétaire du gouvernement provisoire, et les rendez-vous du baron trésorier de la couronne.

Honneur donc à ce magistrat compatissant qui a fait délivrer sans frais toutes les expéditions demandées ; honneur également au jeune confrère (*) dont le zèle et l'activité ont préparé ce grand acte d'humanité auquel nous devons l'exécution de la seconde partie de votre arrêt.

Vainement je jette les regards sur les bancs réservés aux témoins, je les trouve vides et déserts ; je parcours des yeux cette enceinte, je n'y rencontre aucun de ceux que le devoir ou les convenances auraient dû faire déférer à des réquisitions signifiées au nom du malheur. Trois d'entre eux seulement ont essayé de justifier leur non-comparution. A tort sans doute ils se sont établis juges de leurs empêchemens, à tort ils ont cherché à en légitimer les motifs ; mais, quelque contraire à la loi et aux habitudes du palais que soit cette tactique, cependant il faut leur en savoir gré, puisqu'ils ont reconnu l'obligation et la nécessité de répondre à un ordre de paraître en justice.

On a cru, nous le savons, pouvoir se dispenser de paraître à une invitation faite au nom de M. de Maubreuil. Il n'y a rien là qui surprenne ; et depuis treize années il n'a trouvé dans ces mêmes hommes que des cœurs froids et desséchés, des âmes mortes à la pitié, inaccessibles à aucun sentiment généreux, toutes les fois qu'il s'est agi de lui.

Combien ils se montrent étrangers aux simples

(*) Me Bruneau, avocat à la cour royale de Douai.

égards qu'on se doit dans les situations les plus ordinaires de la vie, ces personnages, dont le plus
grand nombre n'a pas même daigné faire entendre le mot d'excuse, et n'a pas fait à la première
Cour du royaume l'*honneur* d'un prétexte !...

M. de Talleyrand, par exemple, auquel M. de
Maubreuil demande depuis si long-temps compte
de ses longues et douloureuses persécutions, lui qui
a constamment fui et refusé les explications, M. de
Talleyrand devait-il laisser échapper cette occa-
sion ? Elle était belle, elle était solennelle. Mieux
entouré, on lui eût conseillé, et avec raison, de
venir en personne répondre aux imputations ter-
ribles du prévenu, de venir repousser, à la face
de toute la France, l'accusation grave dont il est
l'objet. Il faut en convenir, ce tact, cette adresse,
cette finesse ordinaire que chacun lui connaît, l'ont
certainement abandonné dans cette circonstance
où l'on se flattait que sa confiance dans la justice
serait telle qu'il eût choisi vos consciences pour
les rendre dépositaires de secrets dont en trem-
blant on cherche à pénétrer les mystères odieux.

Et ces signataires des pouvoirs immenses déli-
vrés à M. de Maubreuil, les Anglès, les Dupont,
les Bourienne, n'auraient-ils pas dû se rendre ici
pour expliquer ces ordres si imposants et si extraor-
dinaires donnés pour l'accomplissement et l'exécution d'une mission *secrète* et *de la plus haute
importance.*

Pour le sieur Roux de Laborie le besoin des

explications était encore plus urgent. Nous atten-
dions de lui l'interprétation de billets mystérieux
et énigmatiques, des réponses à un réquisitoire
lancé contre lui en 1815 par le chef du parquet de
première instance de la Seine, des éclaircissements
au sujet d'un mandat d'amener décerné contre lui,
comme instigateur d'une mission atroce, comme
recéleur de rouleaux d'or scellés du cachet de la
reine de Westphalie...

Non seulement ces graves personnages, dont il
est inutile d'approfondir et de creuser les motifs de
conduite, motifs qu'il est facile à chacun de devi-
ner, sont absents, mais presque tous sont dans le
même cas. Comment ne pas voir dans cette conduite une connivence coupable, une connivence
d'autant plus répréhensible qu'elle porte atteinte à
la défense, la réduit à l'impossibilité de se faire
entendre d'une manière complète ? Comment ne
pas reconnaître là les efforts de l'intrigue, les
résultats de l'obsession et les traces de la séduc-
tion ? Voyons si, en se plaçant ainsi au-dessus
de la loi, on n'a pas encouru tout le poids de votre
sévérité.

Il est de principe constant que tout témoin ré-
gulièrement cité doit répondre à la citation par sa
comparution. S'il agit autrement, il y a infraction
à la loi, laquelle est punie d'une amende, et en cas
de persistance, on pourra recourir contre le dé-
faillant au mandat d'amener et à la contrainte par
corps, moyens coercitifs offerts par toutes les dispo-

sitions du code d'instruction criminelle relatives
aux assignations de témoins. Est-on appelé en té-
moignage dans le cours d'une instruction, devant
un tribunal de simple police ou police correctionnelle, ou devant une cour d'assises, même obligation, même infraction, même peine; et comme il
y a partout même raison, même motif, il y a con-
séquemment même principe. (Cod. d'instr. crim.,
art. 80, 90, 157, 158, 354, 355, etc.)

Ceci n'est pas seulement spécial aux matières
correctionnelles ou criminelles. En matière civile
ordinaire, dans les cas d'enquête, par exemple,
les témoins défaillants peuvent être condamnés,
même par corps, à l'amende; un mandat d'amener
peut être décerné contre eux: ainsi, quel que soit
le code qu'on interroge, le principe est partout
universellement le même. (Cod de proc. civ., art.
263 et suivants.)

En réfléchissant au besoin d'arriver à la manifes-
tation de la vérité par toutes sortes de moyens, à
l'intérêt de la société, qui exige que le crime ne
reste pas impuni, qui veut que l'innocence puisse
se faire jour à travers l'accusation, et qu'elle fasse
entendre sa justification, on s'étonnera moins que
le législateur ait tenu un langage aussi sévère, et
se soit mis au-dessus de toute espèce de considé-
tions, la plupart du temps puériles ou injustes.

S'efforcera-t-on d'établir que ces principes
sont vrais seulement pour le cas où les témoins
sont cités à la requête du ministère public, et qu'ils

sont sans force s'il s'agit d'une citation donnée par le prévenu ?

La réponse à ce système est simple : nulle part ne se retrouve écrite cette distinction, à laquelle il est impossible d'arriver sans une interprétation évidemment torturée des textes de la loi. Toute non-comparution entraîne une peine, principe général, sans aucune exception, corroboré encore par les dispositions du code de procédure civile relatives aux enquêtes, puisque, dans ce cas, l'assignation n'est jamais donnée à la requête du ministère public.

Puis, les plus hautes considérations d'ordre public s'opposent énergiquement à cette argumentation. Admettre que le ministère public aura dans les mains toute latitude, toutes facilités, tous les moyens imaginables pour fortifier l'accusation, tandis que la défense en sera privée, supposer que la loi aura voulu la dépouiller de ce qu'elle accorde si largement à la partie publique ; chercher à établir une lutte aussi inégale, ce serait accorder au législateur des intentions perfides ; ce serait considérer la société en état d'hostilité permanente contre tous ses membres ; et, on peut l'affirmer à l'avance, le pays où de semblables principes seraient en vigueur serait certainement un pays régi par une législation contraire à la loi naturelle ; là il y aurait confusion du bien et du mal, absence de l'honneur et d'une saine morale ; là il y aurait anarchie et bouleversement de l'ordre social. Vous ne consacrerez pas, messieurs, un système qui conduirait aux conséquences les plus désastreuses, vous ne ferez pas d'un accusé un soldat qu'on précipiterait sans armes dans le camp ennemi.

Notre insistance actuelle est le corollaire obligé de nos premières réquisitions. Que penseriez-vous des défenseurs de M. de Maubreuil, qui, le 11 mai dernier, sont venus vous demander la faculté d'assigner les témoins défaillants, parce qu'alors ils attachaient une grande importance à leur comparution, et, sans que les choses aient changé de face, se montreraient indifférents aujourd'hui? Certes, vous seriez en droit de taxer notre conduite de légèreté, de lui reprocher son peu de franchise et de loyauté à votre égard. Mais il n'en est pas ainsi : plus que jamais nous considérons leur présence comme indispensable.

Vous le croirez à peine, Messieurs : depuis votre dernière audience, les nombreux et puissants ennemis de M. de Maubreuil ont travaillé dans l'ombre; ils ont agi sourdement; ils ont publié une brochure accusatrice jetée avec profusion dans le public; et, sans respect pour le sanctuaire de la justice comme sans pitié pour le malheur, à l'instant même cette enceinte en a été inondée; je l'aperçois dans toutes les mains, excepté dans les nôtres. Cette brochure est le réquisitoire de M. l'avocat-général Maurice, prononcé à Douai lors du procès du vol des caisses westphaliennes; réquisitoire qui a préparé cet arrêt par défaut que vous connaissez. Etrange et lâche publication, à laquelle, sans doute, le magistrat dont a on reproduit l'œuvre est complétement étranger! La main ennemie, auteur de cette réimpression, a beau se cacher, elle n'échappera point à notre investigation. Nous la reconnaissons à ses efforts, à ses coups, pour appartenir à un des nombreux personnages intéressés à donner le change à l'opinion publique sur l'événement westphalien, et à se décharger de la responsabilité que M. de Maubreuil fait peser sur eux. Le gant est jeté : la défense le ramassera; et cet épisode, si long-temps enveloppé de ténèbres épaisses, pourra désormais être sainement apprécié par un public qu'on cherche à tromper si indignement.

Dans l'absence et le silence des témoins qu'il à fait citer, M. de Maubreuil trouve sa justification : il vient de gagner son procès dans l'opinion publique. Chacun est maintenant convaincu qu'on redoute ses explications; il est constant, il est avéré qu'on craint, qu'on tremble de se trouver en face de lui. On ne doute plus de la vérité ni de la sincérité de son langage; on croit à la franchise de ses explications; on s'est pour toujours aliéné le droit de les taxer de mensongères : c'est déjà sans doute avoir fait un grand pas. Mais il est plus exigeant : il veut à tout prix reconquérir l'estime universelle; il veut venger son honneur si long-temps outragé; il désire rassurer la famille estimable à laquelle il appartient; il lui faut convaincre ses juges que jamais il n'a

forfait à l'honneur, qu'il est à l'abri de tous re-
proches ; en un mot, il veut gagner son procès
devant vous : vous ne lui en refuserez pas les
moyens.

GERMAIN, *avocat.*